WENN CHRISTROSEN BLÜHEN

Die schönsten Weihnachtsgedichte
Band II

VERA HEWENER

Advent ist die Zeit der Vorbereitung auf das Weihnachtsfest. Wir zünden Kerzen an, sehnen uns nach Geborgenheit und suchen das Licht der Liebe. In den Weihnachtsgedichten von Vera Hewener flackert es auf. Band II versammelt die neuen Verse der bekannten Dichterin aus dem Saarland. Die heiteren, besinnlichen, nachdenklichen und religiösen Weihnachtsgedichte laden zum Schmökern, Vorlesen oder Vortragen ein.

Vera Hewener lebt als freie Schriftstellerin in Püttlingen, mehrfach ausgezeichnet, u.a. Superpremio Mondo Culturale (I) 2002, 1. Preis Deutsche Sprache und Trophäe Novalis (F) 2004, Grand Prix Européen de Poésie (F) 2005, Goethe Trophäe (F) 2007, zuletzt Wilhelm Busch Preis (F) 2017.

Pressesplitter
"Hymnisch-gewaltige Gesänge lassen an Hölderlin und Rilke denken." Jürgen Kück, SZ, 17.11.03. „Stimmungslyrik von emotionaler Dichte." Walter Faas, SZ 28.05.04. "Vera Hewener baut aus dem, was sie sieht, kleine Wortkunstwerk mit Rhythmik und viel Stabreim." Beatrix Hoffmann, SZ 06.10.11. „Tief religiöse Gedichte stehen neben humorvollen Balladen." SZ, 30.10.14. „Offensichtlich steckt auch ein Schalk in Hewener, einer, der mit heiterer Leichtigkeit Reime und Silben sammelt, bündelt und wieder streut." Anja Kernig, SZ, 07.12.17. „Da spricht eine tief religiöse innere Stimme mit neuen, anrührenden Sprachbildern über die Weihnachtsgeschichte." DieWoch 10.11.18.

WENN CHRISTROSEN BLÜHEN

Die schönsten Weihnachtsgedichte
Band II

VERA HEWENER

Die Deutsche Bibliothek verzeichnet diese Publikation in der Deutschen Nationalbibliografie; detaillierte bibliografische Daten sind im Internet unter www.http://dnb.dnb.de abrufbar.

Verlag:
BoD • Books on Demand GmbH, In de Tarpen 42, 22848 Norderstedt
Druck:
Libri Plureos GmbH, Friedensallee 273, 22763 Hamburg

Printed in Germany
1. Auflage 2024
ISBN: 978-3-7597-7993-9
11,99 EURO

Gewidmet meiner Familie,
ganz besonders Helmut,
Alexander, Tanja und Felix.

„Wenn ich mit Menschen- und mit Engelzungen redete, und hätte der Liebe nicht, so wäre ich ein tönend Erz oder eine klingende Schelle. Und wenn ich weissagen könnte und wüßte alle Geheimnisse und alle Erkenntnis und hätte allen Glauben, also daß ich Berge versetzte, und hätte der Liebe nicht, so wäre ich nichts. Und wenn ich alle meine Habe den Armen gäbe und ließe meinen Leib brennen, und hätte der Liebe nicht, so wäre mir's nichts nütze."(1. Korinther 13, 1-3 LU12)

INHALTSVERZEICHNIS

WENN CHRISTROSEN BLÜHEN

WENN CHRISTROSEN BLÜHEN

Wenn Schneeflocken fallen, flüstert der Wind,
erklingt eine Weise aus Glockengebind.
Welch himmlische Töne, welch hehrer Gesang!
Im Schneeweiß Christrosen blühen im Hang.

Wenn Christrosen blühen, fällt draußen Schnee,
die Sterne funkeln, Eis glitzert im See.
Wenn Christrosen blühen im weißen Kleid,
die Kerzen leuchten zur heiligen Zeit.

Sieh was im Stall liegt, was Gott uns gebracht,
aus Mutters Schoß in der heiligen Nacht.
Ein Kind ist geboren mit Himmelsgeleit,
es schenkt uns die Klarheit der Ewigkeit.

Wenn Christrosen blühen im Sternenlicht,
erhält Gottes Wille ein Menschengesicht.
Wenn Christrosen blühen, erblüht auch das Heil.
Öffne dich, werde des Ewigen Teil.

LICHTKÜRZE

Lichtkürze,
in die uns der Winter stürzt,
schweigt uns an.
Im Schneespiegel
klirrt das Seelengeläut
vereister Blickwinkel.

Wind schwingt
durch den Flockenfall,
kehrt mit der Tannenbürste
Stunde um Stunde leer.

Sternfäden verweben
Worte zu Gleichnissen,
vergolden Herzkristall
mit Liebesflammen,
Botenkunde
mit Kinderlachen.

WINTERSTILLE

Erstarrt die Welt, der Schneebart wächst,
die Sonne sich durchs Dunkel kleckst.
Im weißen Licht die Kälte dröhnt,
das Kahlgeäst berstet und stöhnt.

Die Stille wie ein Tuch sich legt
über die Weite, unbewegt.
Ein Nebelschleier trübt die Sicht,
das Leben schweigt, hat kein Gesicht.

Nur dort, wo Hirsch und Wolf sich zeigen,
macht Leben sich die Jagd zu eigen.
Dann wird es laut, es heult und röhrt,
es klirrt und scheppert. „Unerhört!",

ermahnt der Wald zur Winterruh
und zieht die Sonnenseite zu.
Die Nacht bricht an, das Schweigen steigt,
der Mond, genötigt, halb sich zeigt.

Und Sterne klirren mit den Spitzen.
Wo bloß die Ruhestörer sitzen?
Sie haben sich im Busch verkrochen
und alle Kämpfe abgebrochen.

OH CHRISTROSE

In der Kälte des Winters, wenn alles erstarrt,
blüht eine Blume, die der Hoffnung harrt.
Sie heißt Christrose, ist so zart und rein,
will des Himmels aufblütende Botin sein.

Mit dem Hauch von Frische trotzt sie dem Wind,
erinnert uns daran, dass stets Neues beginnt.
In kalten Zeiten, wenn scheinbar alles verloren,
zeigt sie uns, es wird alles wiedergeboren.

In der Dunkelheit, wenn die Sonne nicht scheint,
sie das Leben für uns mit dem Werden vereint.
Ihre Schönheit kündet von göttlichem Geschick,
das Glück wird kommen jeden Augenblick.

Es heißt Jesus Christus, ist der Gottessohn,
er kommt mit einer Erlösungsmission,
ist der Himmelsknabe, der für uns stirbt,
mit seinem Tod für ewiges Leben wirbt.

Oh schöne Christrose, bist so zart und rein,
willst des Heilands verkündende Botin sein.
Blühe auf und breite die Blätter aus,
damit wir erkennen Gottes liebendes Haus.

WINTERPASTELL

Wie ist die Welt so weiß geworden,
der Winter zieht die Zügel an.
An Bäumen hängen Bärte dran,
die Luft bläst kalt und frisch von Norden.

Der Tag lässt Sonnenschein vermissen,
doch wärmt er uns, dann wird es hell.
Der Schneefall zaubert ein Pastell,
polstert die Welt mit weißen Kissen.

Flüsse und Teiche sind gefroren,
die Eishaut glitzert, funkelt auf,
die Kinder laufen Schlittschuh drauf.
Gefahr hat ihren Schreck verloren.

Die Tiere haben sich verkrochen
in Nestern, Höhlen, in der Erde.
Dass Hunger nicht zum Herrscher werde,
haben an Fährten sie gerochen.

Die Tannen flüstern, warten schon,
besinnen sich auf das, was kommt.
Die Christrose der Botschaft frommt:
Bald trägt ein Kind die Gottes Kron'.

GLITZERSCHNEE UND WARMER TEE

Glitzerschnee und warmer Tee,
hinter Fenstern lässt's sich schauen
in die Weite hoher Gipfel,
Felsenspitzen, Winde rauen.
Nimm die Sonnenbrille ab
und das Licht, und das Licht
durch Wolken bricht.

Lass das Sorgen, lass das Mühen,
atme einfach ein und aus.
Spür die Freiheit deiner Träume,
Wünsche im Gedankenhaus.
Alles wird ganz leicht und klein,
achte dich, achte dich
und kehre ein.

Einer wacht am hohen Himmel,
lässt dich wachsen, lässt dich sein.
Seine Engel dich beschützen,
lass dich einfach darauf ein.
Gottes Liebe gilt auch dir,
folge nur, folge nur
der Liebesspur.

IN SCHNEESTUNDEN

In Schneestunden
fällt das Herz aus dem Kopf.

Nie ist Heimat
erwünschter.

Mit der Dunkelheit
öffnet die Sternenzeit.

Die Krippe, mondbewegt,
wagt den Nachtgang.

Unter dem Himmel
Gesang der Gläubigen.

Im Stall brennt ein Licht.

DEZEMBER

Dunstwolken trüben.
Wo von Silberschüben
das Land bereift,
zwängt sich das Licht
durch den Nebelrauch.

Wenn des Frostes Härte
Eiszapfenbärte
an Dächern schleift,
ein Klirren bricht
aus dem Kältehauch.

Der Tag verschliss sein Gesicht
unter dem Schneegewicht.
Das Dauergrunzen der rauschigen Sau
verhallt im Morgengrau.

Die Stille im Haus unterbricht
die Weihnachtsmaus,
wenn sie Dosen schüttelt
und an Blechen rüttelt.

Wenn im Advent
das Kaminholz brennt,
flackern Kerzen
Licht in die Herzen.
Und die Augen leuchten.
Wehmütiges sie verscheuchten.

WENN ES SCHNEIT

Für die Kinder ist Winter reizvoll,
sie baun den Schneemann mit Nase, prachtvoll.
Voller Freude stehn sie bereit,
wenn es schneit, wenn es schneit, wenn es schneit.

Und hört es nicht auf zu schneien,
gehen wir uns die Skier leihen.
Nur Schneeflocken weit und breit,
wenn es schneit, wenn es schneit, wenn es schneit.

Kinder schauen zum Fenster raus,
dieser Schneefall ist ein Gebraus,
freuen sich auf den nächsten Tag
Schlitten fahren ein jedes mag.

Das Feuer hört auf zu knistern.
Wir wünschen zärtlich gut Nacht und flüstern.
Im Schlaf vergeht schnell die Zeit,
wenn es schneit, wenn es schneit, wenn es schneit.

Die Christrosen blühen weiter,
im Schnee sind sie froh und heiter.
Die Welt strahlt im weißen Kleid,
wenn es schneit, wenn es schneit, wenn es schneit.

Klingen Glocken und jeder singt,
selbst ein Reh vor dem Haus mitspringt.
Stellen wir Kerzen in den Raum,
schmücken festlich den Tannenbaum.

Die Kinder staunen und lachen,
sie denken an Spielzeugsachen.
Das Christfest ist nicht mehr weit,
wenn es schneit, wenn es schneit, wenn es schneit.

KÄLTEGIPFEL

Die Botschaft gefrorener Klippen:
hier sprang ein Steinbock in den Tod.
In raue Eisflächenrippen
hämmert die Kälte das Aufgebot
des Winters. Wo Schneebretter
wie Schürzen den Fels überragen,
regt sich kein Laut.
Die gähnenden Gipfel vertagen
das Licht, hier wird kein Haus mehr gebaut.

Und aus den Höhen wallen Flocken,
verhärten im ewigen Eis.
Die dunkle Zeit kam ins Stocken,
hält an den Erdenkreis.

Wenn viele Monde gegangen
im niederen Sonnenlauf,
von den Hängen mit rosigen Wangen
ein Kälbchen wandert bergauf.

NORDWIND

Der Nordwind weht durchs ganze Land,
reißt letzte Blätter von den Bäumen.
Dass sie den Platz an Zweigen räumen,
trägt er sie fort im Sturmgewand.

Er tobt und braust so rau und kalt,
lässt frösteln uns, lässt uns erzittern.
Dass wir im Wandel nicht verbittern,
die frische Luft der Klarheit galt.

Der Nordwind strömt auch sanft und leis,
lässt ruhen uns, hilft zu entspannen.
Stille und Einkehr wir gewannen,
wenn Tage schließen ihren Kreis.

Oh Nordwind, wandelst mit dem Hauch,
schenkst uns des Werdens tiefen Frieden,
Altes von Neuem still geschieden.
Und Leben keimt im Kälterauch.

STROHFEUER

Die Terrasse zieht sich zurück
vor dem Frost,
der Steine frisst
und totes Laub begräbt.

Mit Silbersprüchen
spiegelt Schneestaub Licht,
das kaltblütig Frierendes streift
und Schlupflöcher versiegelt.

Im Vereisten verzagen Tage,
zerreißen sich in Stunden,
während Dämmerung
durch Verästelungen zieht
und Strohfeuer
den Himmel zum Glühen bringt.

WINTERHOFFNUNG

Wie grenzenlos die Dämmerung
die Weite ausdehnt in der Kälte.
Wer flüstert dem Vergrauen
helle Lichter ein?
Wer sieht durch Verwirrungen
wilder Strauchgebilde?

Zu weiß das Weiß,
zu frostig der Frost,
zu dunkel die Nacht,
um den schwachen Schein
brennender Kerzen zu erspähen.

Und doch suchen wir
im tiefsten Winter
nichts als Wärme,
sehnen uns in eisiger Kälte
nach Nähe und Berührung,
hoffen im dunkelsten Dunkel
auf das Aufgehen der Sterne.

NACHT IM SCHNEE

Nacht im Schnee,
wenn sich der Winter verkündet,
Nacht im Schnee,
wenn funkelndes Kristall des Mondes
ins Dunkelblaue mündet.

Dies ist die Nacht der Finsternis,
die kalte Stille, stumm, verschweigt,
das unterm Grunde Knisternde,
fortwährend Frühling Flüsternde.

Und feierlich am Horizont aufsteigt
ein Stern. Es zogen viele Sterne nach.
So still die Nacht, so fern die Nacht;
nie brach die Sonne vor der Morgenröte ein,

die in geheimnisvoller Dunkelheit
sich windet, wartet auf das andere Licht,
welches uns aus anderer Welt durchdringt
in stiller Nacht, in kalter Zeit
und uns das schönste aller Lichter bringt.

ATME DER STILLE LEISE ZUVERSICHT

Atme der Stille leise Zuversicht,
das Lächeln der Zeit
über Hoffnungen und Träume,
dass dir dein Leben nichts versäume.

Hauche des Lichtes aufklarenden Willen
ins Dunkeln der Tage,
dass die Nöte deiner Augen
immerfort für die Fülle taugen.

Ach, weshalb blindlings
der Tage Unausweichliches betrauern?
Zeit wird nichts bedauern,
alles wird vergehen.-

Willst du sehen
die Frucht dieser Lichter,
vertraue Gottes unermüdlicher Schöpfung,

dem stillen Willen,
der alle Zeit durchdacht,
in einer einzigen Nacht
ewigen Leuchtens.

LICHTPUNKT

Hier hat das Licht eine Lunte gelegt,
Zündschnur allen Anfangs.
Wer redet von Härtefällen,
wenn Unausgewogenes
zur Regulierung neigt,
wenn im unendlichen Blau
Planeten flimmern und Sterne läuten?

Hier krümmt sich die Zeit
im Zielpunkt der Sonnenbahn,
dass mit der Geburt alles wiederkehrt,
was verloren schien: Wärme, Leben, Liebe.

CHRISTROSENGEFLÜSTER

Wind wirbelt
schneidet den Winterhauch
aus den Klängen der Eiskristalle

Licht entsilbert
am Schleifton der Frostkralle
reibt sich ein Winterweinen

in der Einsamkeit des Schneefelds
flüstern Christrosen
von der Botenkunde der Engel

FLOCKENLIED

Alle Flöckchen tanzen,
fallen leis auf das Eis,
bilden einen Zauberkreis
aus den weißen Röckchen.

Fasst euch an den Händen,
dass das Licht Farben bricht.
Hört doch, was der Himmel spricht,
will euch Freude spenden.

Baut euch einen Schneemann,
mit viel Fleiß rollt das Weiß,
steckt dazu das Birkenreis,
dass es jeder sehn kann.

Singt und lasst es klingen,
überall froher Schall,
feiern wir den Flockenfall,
lasst die Herzen springen.

SCHLITTENFAHRT

Hör doch, die Schlittenglocken,
sie singen, der Winter ist hier,
Komm her ins Winterwetter,
ich fahre zusammen mit dir.
 Draußen ist Schnee gefallen
 und alle rufen: „Juhu".
 Komm fahr mit mir im Schlitten,
 sag mir, was meinst du dazu.

Spann die Pferde an, schon geht es los.
Schau nur wie es schneit.
Wir fahren im Winterwunderland.
Alles leuchtet, funkelt grandios.
 Komm gib mir deine Hand.
 Wir gleiten dahin, hör das Lied
 von dem Winterzauberland.

Die Wangen sind schön rosig,
es ist gemütlich mit dir.
Wir kuscheln uns zusammen
und du nimmst die Decke von mir.
 Wir fahren durch die Landschaft
 und singen fröhlich dabei.
 Wir fahren im Galopp
 und wir fliegen wie Vögel so frei.

Auf dem Weihnachtsmarkt
vor dem großen Gotteshaus,

enden wir den Tag
mit einem feinen Festtagsschmaus.
Lass uns singen ein Lied, ein Winterlied,
wir hören nicht mehr auf.
Am Kamin sitzen wir,
die Maronen springen auf.

Dieses Glücksgefühl
verzaubert alles in der Welt
wenn die Liebe uns verbindet
und zusammenhält.
Alles strahlt wie ein Bild, ein Glitzerbild,
das aus dem Märchen sprang.
Wie wundervoll ist alles hier,
wir erinnern uns ein Leben lang.

Hör doch, die Schlittenglocken,
sie singen, der Winter ist hier,
Komm her ins Winterwetter,
ich fahre zusammen mit dir.
Draußen ist Schnee gefallen
und alle rufen, Juchhe.
Komm fahr mit mir im Schlitten,
fahr mit mir durch die Tannenallee.

KOMMT DER FROST

Wintersprossen trägt die Landschaft,
tupft die weiße Farbe auf.
Nebelkrähen hüpfen spähend
auf den Sprenkeln, Punktelauf.

    Ach, wie kalt weht jetzt der Nordwind,
    letzte Körner ducken sich,
    dass der Rabenvögel Suche
    sie verschont noch, hoffentlich.

Kommt der Frost, erstarrt die Erde,
kühl funkelt des Eises Schrein.
Und die Winterschlaftierherde
gräbt sich in die Höhlen ein.

    Alles ruht und sinnt dem Lichtern,
    das der stillen Nacht entspringt,
    bis das Glänzen aller Sterne
    uns das Jesuskindlein bringt.

WINTER IN BERNKASTEL-KUES

An der Mosel entlang,
wo jede Traube eine Auslese ist,
kommen sie märchenhaft durch den Winter,

schippern samstags auf der weißen Flotte
rauf und runter, an Weinbergen vorbei,
suchen zwischen Giebelfachwerkhäusern
nach Krimskrams und nostalgischem Spielzeug,
schütten mit Glühwein alle Bedenken weg
und klettern den Berg hinauf
zur Burgruine Landshut.

Dann sehen sie sich um und wandern
zur Sankt Anna-Kapelle,
zählen die Kreuzweg-Stationen,
dass der Himmel alle Gebete hört,
die stiller werden mit jedem Schritt.

ADVENT – DAS HEIßT, SICH VORBEREITEN

ADVENT

Advent – das heißt, sich vorbereiten,
ein Weg zum Himmelreich.
Die Engel wollen dich begleiten,
mit dir die Dunkelheit durchschreiten,
so wie ein Lichtausgleich.

Advent – das ist ein Wort der Liebe,
die Hoffnung für ein Kind,
die sich für alle einfach schriebe,
wenn nur das Gute in uns bliebe,
ein Hauch von Engelwind.

Advent – das heißt Gott zu empfangen,
demütig beten, niederknien,
uns Nächstenliebe abverlangen,
zum Weg der Ewigkeit gelangen,
wenn wir zur Krippe ziehn.

WENN DIE ERSTE KERZE BRENNT

In den kalten Wintertagen
ist uns der Advent bereitet.
Tannen flüstern, Harzgeruch,
schlagen auf das Kinderbuch.
    Jeder Tag, der nun vergeht,
    Freude in die Herzen weht.

Brennt die erste Kerze nieder,
singen wir die schönsten Lieder.
Alle Sorgen sind verschwunden,
Vorfreude füllt unsre Stunden.
    Die Geduld, Bescheidenheit,
    machen Seelen wieder weit.

Wer die Botschaft spürt, erkennt
was er bedeutet, der Advent.
Gottes Wahrheit tief im Herz
braucht nur Liebe, kein Kommerz.
    Christus kam in diese Welt,
    dass die Liebe wieder zählt.

WEIHNACHTSZEIT

Wenn alles glänzt und strahlt von weit,
beginnt die liebe Weihnachtszeit.
Die Kinder springen voller Glück,
naschen vom Pfefferkuchenstück.

Sie liegen nachts im Weihnachtstraum,
schmücken vergnügt den Tannenbaum.
Wenn Kerzen leuchten hell und warm,
nimmt Gottes Licht sie in den Arm.

Gemeinsam teilen wir die Stunden,
die Freude alle hat verbunden.
Wir schenken uns die schönste Zeit
mit Liebe und Aufmerksamkeit.

Wir wollen feiern, singen, lachen,
uns gegenseitig Freude machen.
Weihnachten schenkt uns den Frieden,
denn Christus ist hinabgestiegen.

Und alle, die um Heilung flehten,
demütig niederknien und beten.
Sie öffnen ihre Herzen weit
für seine Liebesewigkeit.

SAARBRÜCKER WEIHNACHTSLIED

Am Christmarkt stehen Menschen dicht gedrängt
zusammen und das Feuer wärmt,
bald die Seilbahnfahrt von Nikolaus anfängt,
ein Gast, gerührt vom Glühwein, schwärmt.

Die Kinder schaun zum Himmel hoch empor,
zum Rentier mit der roten Nas'.
Es zieht den Schlitten und der Nikolaus liest vor,
die Vorstellung macht allen Spaß.

Die Augen glänzen und die Herzen sind voll Freud,
der Tag sich neigt, sie gehen still zurück.
Die Kinder träumen, schlafen kann keines heut.
denken an Spielzeug, hoffen auf ihr Glück.

Frieden und Freude bringt der heil'ge Christ,
und alle Herzen öffnen sich.
Sein Segen liegt auf dir, wo immer du auch bist,
frohe Weihnacht für dich.

Am nächsten Morgen wenn der Tag erwacht
glitzert in Bäumen weiß der Schnee,
die Kinder freuen sich auf eine Schneeballschlacht,
in Tannen stöbert Wind, wir trinken Tee.

Die Mutter schmückt den schönsten Weihnachtsbaum,
hängt Lametta, Glocken auf,
stellt den Kerzenleuchter mitten in den Raum,
damit er strahlt, wir warten drauf.

Und klingt das Glöckchen vor der Tür wird es ganz still.
Vater und Mutter, Kinder, Großeltern zuhaus,
ein Engel Harfe spielt, nur der hört's, der es will.
Die Sorgen fallen von uns ab, sie bleiben drauß.

Frieden und Freude bringt der heil'ge Christ,
und alle Herzen öffnen sich.
Sein Segen liegt auf dir, wo immer du auch bist,
frohe Weihnacht für dich.

DER HERR DER LIEBE

Die Finger seiner Hand sind starr geworden
vom Weben der verstreuten Seelen,
die überall in allen Herzen fehlen.
Es klingen die Verluste in Akkorden

einer lauten Stille übers Land,
wo sie der Herr der Liebe band
und ihnen neue Töne unbemerkt verlieh. I
n der von Tod durchsetzten Agonie
ein zartes Knistern uns erlöste

und Worte in das Schweigen pflanzte.
Ein ungekanntes Licht ertanzte
unsre Welt, dass es uns tröste.

IM ADVENT

Kerzenlichter leuchten hell,
Kirchenduft sie schufen.
Glockentöne, Gottesquell',
den Advent ausrufen.

Eine neue Zeit beginnt,
kürzer werden Tage.
Nach dem Licht die Seele sinnt,
stellt die Christusfrage.

Helferinnen schmücken still
Chorraum und die Bänke,
Hirten steh'n im Leinentwill
an der Krippentränke.

Tannenbäume, Silberglanz,
Ministranten läuten,
von der Decke hängt der Kranz,
Weihnacht anzudeuten.

In den Herzen Freude brennt,
Hoffnung auf den Frieden,
dem die ganze Welt nachrennt,
dass er uns beschieden.

Und die Chöre singen froh,
dass er uns behüte.
Kindlein lacht im Krippenstroh,
schenkt uns Gottes Güte.

WICHTELEI

Wer flitzt durch unser Häuschen
und sammelt ohne Päuschen?
Es ist der kleine Wichtelmann,
der mitnimmt, was er finden kann.

Treppauf, treppab rennt er durchs Zimmer,
denn müde wird er nie und nimmer.
Für alle Kinder, groß und klein,
will er ein Freudenbringer sein.

Wenn ihr an einer Schlaufe zieht,
man ihn dahinter lächeln sieht.
Freut euch über den Weihnachtsbrauch
und wichtelt auch!

LOCKRUF

Knusper, knusper, Mäuschen,
komm raus aus deinem Häuschen.
Lebkuchen und der Pfeffermann
haben es dir angetan.
Vanilleschaum und Sternanis
machen Plätzchen wundersüß.
Sie warten schon vor deiner Tür,
die süßen Fallen, komm doch herfür.

ADVENTSMARKT

Gärten gähnen wie Nebelkrähen.
Beete, verhunzt von Wildschweinen,
filtern Dunst aus dem Licht.

Astgabeln kämpfen mit Raufrost,
Vögel prosten sich zu, Eiswein betrunken,
sitzen auf Mistelperücken,
vor Liebesdurst schnatternd.

Glanzparaden der Stechpalmen,
rot beperlt, winden Kränze
um Weidengeflechte, Kerzen bestückt.

Gelbe Flammenzungen, verzücktes Augenleuchten,
Kinderherzlachen und Nussknacker hacken
auf Glühweinbäckchen zwischen Ständen,
wenn der Wind um das Kettenkarussell
Schneepirouetten dreht.

KLEINE HELFERLEIN

Wichtelmann und Knuspermaus
werkeln vor Advent im Haus.
In der Nacht sind sie am Klopfen,
Türchen in die Wand zu stopfen,
um die Zimmerchen zu bau'n,
worin die Schätze sie verstau'n.

Denn dass ihrs wisst, die Helferlein
Sankt Niklas schickt ins Haus hinein,
damit sie die Pakete füllen,
sie in Papier mit Schleifchen hüllen,
bevor sie unterm Tannenbaum
versammelt steh'n vor'm Zweigensaum.

Drum seid so nett, alle ihr Lieben,
verzeiht den kleinen Weihnachtsdieben.
Und wenn ihr eine Türe findet,
so denkt daran, wer dort verschwindet.
Stellt noch ein Leiterchen dazu,
denn der Beschenkte, der bist du!

KERZEN

Kerzen, Lichter voller Glanz,
lodern auf im Flammentanz,
laden mit dem hellen Schein
uns in andre Welten ein.

Kerzen sind wie kleine Sterne,
wenn sie leuchten aus der Ferne,
Lichter göttlicher Magie,
eine Himmelsmelodie.

In der Nähe dieser Zeit
spürst du die Geborgenheit
dieser kleinen stillen Stunde,
sie schließt deine Seelenwunde.

Sie zeigen mit dem Lichterleben,
die Liebe kann nur Liebe geben.
Gottes Gnade wird nie enden,
er nur kann Erlösung spenden.

Beten unterm Friedenslicht,
hören, was Christus verspricht.
Liebe wird auch dir zuteil,
sie erlöst und macht uns heil.

GUTE GEISTER

Sankt Nikolaus die Leiter stellt,
die kleinen Wichtel sie besteigen,
um sich den Menschen zuzuneigen,
packen Geschenke für die Welt.

Der Nordwind rüttelt schon am Schlitten,
die große Glocke lauthals schrillt,
die Rentiere rennen wie wild,
sind schnell zum Wichteldorf geritten.

Knecht Ruprecht sammelt alle Päckchen
der Helfer ein und schnürt den Sack,
trägt ihn zum Schlitten huckepack,
rot färben sich die Wichtelbäckchen.

Aus Wolken senken sich die Kufen
und setzen auf der Erde auf.
Es startet der Geschenkelauf
von Tür zu Tür über die Stufen.

Als alle Päckchen ausgebracht,
klatschen die Wichtel ihrem Meister.
Sie sind die guten Himmelsgeister,
wenn Nikolaus kommt in der Nacht.

KOMMT EIN RENTIER GEFLOGEN

Kommt ein Rentier geflogen
durch die Nacht übers Haus,
hat den Schlitten gezogen,
drin sitzt Sankt Nikolaus.

Zieht die Zügel zum Halten,
Nikolaus ruft Hü-hott!
Engelchöre erschallten,
spielten auf dem Fagott.

Nikolaus packt Geschenke
in den Rucksack und fliegt
durch den Schornstein auf Bänke,
dass das Holz sich durchbiegt.

Stopft die Strümpfe, sie hängen
am Kamin an der Schnur.
Doch die Zeit ist am Drängen,
Rentier dreht schon die Spur.

In der Nacht hat Sankt Niklas
alle Kinder beschert,
die mit Freude und viel Spaß
ihre Socken geleert.

VON NORDEN HER KOMMT NIKOLAUS

Von Norden her kommt Nikolaus
durch Wolken, Stürme und Gebraus.
  Die Rentiere den Schlitten ziehn
  ganz schnell zu all den Kindern hin.

Am Abend bangen sie gar sehr,
kommt Niklas auch zu ihnen her?
  Mit großen Augen warten sie,
  folgen der Herzensmelodie.

Das Klopfen an der Tür ist fest,
Erwartungen hochschlagen lässt.
  Die Freude ist so übergroß,
  Knecht Ruprecht lässt den Rucksack los.

Geschenke teilt er allen aus.
Mit einem frohen Liederstrauß
  bedanken sich die Kinder dann
  beim weitgereisten Weihnachtsmann.

MISTEL

Mistel, Mistel,
Betteldistel,
immergrün
ohne Müh'n.

Halbschmarotzer,
Beerenprotzer,
Wasserschnorrer,
Ästeknorrer.

Wunderpflanze,
Baumromanze,
Sonderkeim
mit Früchteschleim.

Heilerfahrung,
Vogelnahrung,
Winterheu
und Teegebräu.

Mistel, Mistel,
Kussepistel,
weißer Schaum,
oh Liebestraum.

DAS KRIPPENSPIEL

In Stachelfrüchten der edlen Kastanien
gedeihen schon prächtig Maronen.
Das Röstgut der nahenden Weihnachtszeit
kann sich vor dem Platzen nicht schonen.

Die Märkte verplanten die Stände bereits,
das Krippenspiel emsig geprobt,
die Spielproduktion auf Hochtouren läuft,
wer ackert, wird auch gelobt.

Erst gestern entschloss sich der kleine Fritz,
beim Krippenspiel auch aufzutreten,
er wollte einer der Hirten sein
und an Christkindleins Hüttchen beten.

Den Ochs spielte Moritz, den Esel Marie,
die Mütter nähten Kostüme,
sie stampften und schnauften voll Übermut,
mit Stolz sprach der junge Mime.

Das Christkind im Krippchen war eine Puppe,
ganz neu, eine Supermoderne.
Sie lachte und weinte, nässte und trank,
dass die Jugend die Pflege erlerne.

Am vierten Advent war es endlich so weit,
das Ensemble geschminkt und geschmückt,
ein Toi, Toi, Toi links, ein Toi, Toi, Toi rechts,
dass die Aufführung auch allen glückt.

So standen der Ochs, der Esel und Fritz
um das Krippchen und spielten vorzüglich,
es knieten Maria und Josef davor,
das Stück für die Gäste vergnüglich.

Als der Stern am Himmel vorüberzog,
strahlten elektrische Funken,
er blitzte und sprühte und streute zuhauf,
bis ins Krippchen er hingesunken.

Da fing die Puppe zu lachen an,
es roch nach kokelnden Windeln,
sie jaulte und weinte und hüpfte im Stroh.
Wollt die Puppe sich Beifall erschwindeln?

Oder war das Jesulein gar verwirrt
durch das heilige Krippenspiel?
Es bäumte sich auf und rüttelte sich,
bis es wieder ins Stroh niederfiel.

Der Hirte eisern sein Liedchen vortrug,
die Stalltiere wieherten auf.
Maria und Josef die Puppe festhielten
und legten den Schleier darauf.

Als plötzlich ein Kind sich vor Lachen bog,
da lachte der ganze Saal.
Sie prusteten laut, es bebte das Haus,
das Puppenspiel ließ keine Wahl.

Des Rätsels Lösung: technischer Defekt.
Die Funken entfachten den Kurzschluss.

Die Batterien entluden sich ganz,
die Puppe geriet unter Stromfluss.

Statt Andacht herrschte laute Plaisir
mit herzhaftem Amusement.
Dem Kind hat's gefallen, denn Freude war,
gepaart mit Félicitation.

HERZPUNKTE

Unendlichkeit
ist das Maß der Ewigkeit,
Nächstenliebe
das Fundament der Menschlichkeit.

Hinwendung
ist der Beginn der Gemeinsamkeit,
Zuwendung
die Erfüllung der Herzen.

WEIHNACHTSMARKT

Wenn der Weihnachtsmarkt öffnet im Advent,
laufe ich durch die Stadt,
manchmal, wenn mich jemand erkennt,
hör ich ständig, dass er keine Zeit mehr hat.
Und wir winken zurück und drehen uns um.
Das Geschenk im Schaufenster fehlt, wie dumm.
Ich frag mich, was sonst ich hätte schenken können.
Die Kunden sich einen Weihnachtspunsch gönnen.
Hat im Advent der Sinn sich entfernt,
die frohe Botschaft entkernt?

Wenn der Weihnachtsmarkt öffnet im Advent,
dreht sich das Karussell,
es raucht, dampft und Kaminholz brennt,
Besucher wärmt das künstliche Fell.
Und es frieren immer noch Obdachlose,
wer schenkt dem Bettler eine feste Hose?
Ich frag mich, was ich hier eigentlich suche.
Was schlägt hier wem und der Besinnung zu Buche?
Hat im Advent der Sinn sich entfernt,
die frohe Botschaft entkernt?

Wenn der Weihnachtsmarkt öffnet im Advent,
laufe ich jedes Jahr übern Markt,
der Kutscher mit viel Schauspieltalent
hat sein Gefährt vor dem Eingang geparkt.
Und die Kinder rollen noch immer die Augen,
ob die Stiefel wohl zum Eislaufen taugen?
In den Straßen konkurriert ein schrilles Gebimmel,

Blaskapellen trompeten unentwegt zum Himmel.
Hat im Advent der Sinn sich entfernt,
die frohe Botschaft entkernt?

Wenn der Weihnachtsmarkt öffnet im Advent,
soll es jedes Jahr schöner sein.
Doch jedes Jahr es von vorne anfängt,
die Beschallung dringt durch Mark und Gebein.
Nach der Pandemie soll es wie vorher klingen,
wenn Kinderchöre auf der Marktbude singen.
Und die Maske hängt am Faden und baumelt.
Vom Glühwein beschwipst das Christenvolk taumelt.
Hat im Advent der Sinn sich entfernt,
die frohe Botschaft entkernt?

DER GENIEßER

Auf großen runden Blechen hocken
Häufchen Eischaumkokosflocken.
Sie warten auf den Ofenbrand,
damit sie später ganz galant
auf den Lippen und im Gaumen
Verzücken in die Augen pflaumen.
Wen's nicht verzückt, der tröste sich
mit Sahne und mit Apfelstich.

SÜSSE VERFÜHRUNG

Kennt ihr die kleinen Hausgenossen,
die im Advent über die Sprossen
eines winz'gen Treppeleins
verschwinden. Kennt ihr keins?

Sie öffnen unsichtbare Türen,
als ob durch Wände sie einführen.
Seht nur, in Mutters Vorratskammer
entfernen sie die Dosenklammer.

Es gibt auch große Artgenossen,
die ständig hamstern, unverdrossen!
Sie alle unentwegt entdecken,
wie köstlich Weihnachtsplätzchen schmecken.

Wie lieblich doch die Küsse sind
von Zimtsternen, Aachener Print'.
Wer wird da nicht zum Weihnachtsdieb
und hat die Bäckerin gar lieb!

Oh liebe gute Meisterin,
verschmerz den Schwund und nimm ihn hin.
Denn deine edle Bäckerkunst
erweckte erst die große Gunst.

Bis Weihnachten ist ja noch Zeit
für Nachschub mit dem Zuckerkleid.
Und bitte, heg doch keinen Groll,
die letzten Bleche bleiben voll.

DIGITALES WEIHNACHTSLIED

Dateienbaum, Dateienbaum,
wie grün sind deine Reiter.
Du wächst nicht nur zur Sommerzeit,
nein auch im Winter, wenn es schneit.
Dateienbaum, Dateienbaum,
wie grün sind deine Reiter.

Dateienbaum, Dateienbaum,
du kannst mir sehr gefallen.
Wie oft hat nicht zur Weihnachtzeit
ein Klick von dir mich hocherfreut.
Dateienbaum, Dateienbaum,
du kannst mir sehr gefallen.

Dateienbaum, Dateienbaum
dein Stamm will mich was lehren.
die Größe und Beständigkeit
beschäftigt mich zu jeder Zeit.
Dateienbaum, Dateienbaum,
dein Stamm will mich was lehren.

ENGEL WACHEN VOR DEN TOREN

GESCHÖPFE DES LICHTS

Ihr seid
die schönsten
die reinsten Geschöpfe

ihr seid flüchtiges Licht
hinscheinend
in den Ebenen der Nacht

ihr seid
nichts als Lächeln
über des Lebens Wagnis
des Sterbens Vermächtnis

ein Windhauch nur
Flügelschlag allen Sehens

SCHUTZENGEL

Ich spüre die Nähe
wenn ich mein Sein
an den Rand dränge
voll sehnenden Suchens

in mich hinein hörend
spricht ins Irdische
das Unsichtbare
und stillt mich

SPIEGELBILD

Oh ich erkenne Ihn
im Sanftmut ihrer Augen
im nie endenden Lächeln
in der Schönheit des Reinen

Wie nah sie mir kommen
wenn ich in der Ferne versinke
wie weit sie mir folgen im Untergang

Welche Klarheit
wenn ihr Öffnen mich erreicht

WINTERNACHT

Engelflügel leise nahen
aus der gottesfrommen Zeit.
    Christrosen im Blütenkleid
    zartes Reis im Schneefeld sahen.

Und sie strahlten auf, behüten,
eingehüllt in Gottes Wille,
    Jesses Spross in weißer Stille,
    freudvoll alle Knospen sprühten.

Wunderheilig glänzt die Nacht,
wenn die Botschaft Herzen weitet,
    Sternenlicht am Himmel gleitet
    und das Gnadenkind uns lacht.

ENGELWIND

Engelwind, wenn die Wächter die Flügel schwingen,
Engelwind, wenn die Beschützer des Himmels
das Seelenheil zu uns bringen.

Dies ist das Licht hellster Lichter,
das wächst aus der Dunkelheit,
das uns der Ewigkeits-Schlichter
entzündet als Friedensgeleit.

Gottes Liebe wird dich erfüllen,
sie schenkt dir Freude und Glück.
Sein Geist wird die Seele in Schönheit hüllen
und führt dich ins Leben zurück.

Wenn der Friedefürst kommt,
seinen Sohn zu uns sendet,
durch Maria, der Mutter des Herrn,
das Kind, uns geboren, Erlösung spendet,
in der Christnacht leuchtet sein Stern.

Engelwind, wenn die Wächter die Flügel schwingen,
Engelwind, wenn die Beschützer des Himmels
das Seelenheil zu uns bringen.

CHÖRE DER ENGEL

Beschirme Cherub Gottes heiligen Tempel,
die Herrlichkeit trage ins Innere des Lichts,
throne über der Bundeslade Priesterschrift,
sie ziert des heiligen Elohims Stempel.

Entflamme Seraph, reines himmlisches Wesen,
die ewige Kraft Gottes unermesslich ist,
rufe dreifach die Heiligkeit Jahwes aus,
Schöpfergeist, der schon immer gewesen.

Oh Chöre der Engel, stimmt an den Lobpreis
und singt von der gnädigen Güte des Herrn,
Sternenglanz droben strahlt am Firmament,
entsprungen aus zarter Wurzel ein Reis.

Verkünder der Botschaft, der Heilwerdung Kern,
verheißt die Menschwerdung der Auserkorenen,
sie preist mit Ergebenheit die Gotteswahl:
„Meine Seele erhebet den Herrn."

ENGELWACHT

In stiller Nacht scheint hellauf ein Licht,
das unaufhaltsam die Dunkelheit bricht.
Es glitzert und funkelt, ein Sternenmeer,
dass sichtbar wird das Schutzengelheer.

    Mit goldenen Flügeln, rein und schlicht,
    geben sie Gottes Geist ein Gesicht.
    Sie wachen, beschützen mit süßem Gesang,
    am Himmel ertönt ein Harfenklang.

Sie stehen am himmlischen Sternentor,
und tragen Gebete zu Gott empor.
Spürst du den Hauch ihrer Güte um dich,
begleitet ein Engel dich fürsorglich.

    Siehst du hinauf in das Sternenzelt,
    verstehst du, wie weit und schön ist die Welt,
    wie Frieden und Hoffnung Heilung bringen;
    mit Gottes Gnade wird es gelingen.

KOMMT IHR ENGEL

Kommt ihr Engel, sollt euch schwingen,
lasst den Jubelchor erklingen,
rührt die Trommel, singt dabei
zu den Tönen der Schalmei.

Orgel, Harfe, Laute, Geigen,
Preis und Ehr dem Kind zu eigen,
Freudenrufe, Herzensklang,
aufsteigt heller Lobgesang.

Singt von Frieden weit und breit,
tretet ein in Gottes Zeit,
huldigt froh dem Kindelein
das dort liegt im Krippelein.

Alle Menschen heut frohlocken,
denn das Kind mit gold'nen Locken
ist geboren in der Nacht,
Christus König, Himmelsmacht.

DIE FROHE BOTSCHAFT

Die Augen wie Sterne, die Flügel aus Licht,
voll Güte strahlt das Engelgesicht.
Er bringt die Botschaft von Gottes Plan,
was er tut, ist nur aus Liebe getan.

Er leuchtet Maria mit goldenem Schein,
hüllt sie mit Gottes Erhabenheit ein.
Er spricht von Heilung, Erlösung und Trost,
dass Gottes Geist sie mit Willen umkost.

So sanft sind die Worte des Herre Christ,
denn Maria versteht, dass sie auserkoren ist,
Gottes Plan zu erfüllen mit seliger Freud.
Als sie erkennt, ertönt das Himmelsgeläut.

Geboren ist die Hoffnung der Welt,
dass der Mensch der Schöpfung Gottes gefällt,
dass das Seelenheil Gottes Willen entspricht,
dass für uns er entzündet sein ewiges Licht.

Wir zünden vier Kerzen an im Advent,
damit für uns alle das Licht entbrennt
für die unermessliche Liebe des Herrn,
dass er uns nah ist, auch wenn wir ihm fern.

Maria hat sich Gottes Liebe ergeben,
erwartet voll Demut das ewige Leben.
Wer sich hingibt in Gottes gnädige Hand,
dessen Seele wird ein Ewigkeitspfand.

HÖRT DES BOTENENGELS TON

Hört des Botenengels Ton:
Preist den neugebor'nen Sohn!
Fried auf Erd', voll Gnad befreit.
Gott die Sünden uns verzeiht.

Freudvoll alle Völker weist,
Sieg des Himmels uns umkreist.
Engel künd'gen uns von dem
Christ gebor'n in Bethlehem.
Hört des Botenengels Ton:
Preist den neugebornen Sohn!

Christus wirft das Himmelslot,
Christus, allerhöchster Gott.
Aus der Zeit er zu uns kommt,
Retter, der uns alle frommt.

Herr, der Mensch geworden ist,
Heil dem neu gebor'nen Christ.
sein Kreuz macht das Leben hell,
Jesus, der Emanuel.
Hört des Botenengels Ton:
Preist den neugebornen Sohn!

Heil des Himmels Friedefürst,
Heil, Gerechtigkeit uns dürst!
Licht und Leben er uns bringt,
Heilung wenn sein Flügel schwingt.

Er leiht uns den Glorienschein,
kein Mensch stirbt mehr, er wird sein!
Für die Menschen er gebor'n,
schenkt im Tod den Lebenssporn.
Hört des Botenengels Ton:
Preist den neu gebor'nen Sohn!

DER BRIEF DES HERRN

In stiller Nacht, so sternenklar,
der Welt ein Wunder wird gewahr.
Vom Firmament der Ewigkeit
strömte ein Hauch von Seligkeit.

Die Engel nahen uns von fern,
verlesen uns den Brief des Herrn,
den er an alle hat geschrieben,
wir sollen unsren Nächsten lieben.

Er schickt den Sohn in unsre Zeit,
dass wir vergessen alles Leid.
Ein kleines Kind bringt uns das Licht,
schenkt Liebe, Freude, Zuversicht.

Maria uns das Glück gebar,
das Leben wird nun hell und klar.
Wenn wir an Gottes Geist uns binden,
wir unsre Hoffnung wiederfinden.

ENGELZEIT

Die Engel von heute, die Mädchen, die Jungen,
haben sich das Kostüm ausbedungen,
sie tragen die Flügel in weiß oder gold,
    lächeln stets tapfer und sind wunderhold,
    wie vor ihnen andere Engel.

Die Engel von heute, die großen, die kleinen,
wollen wie andre auf Facebook erscheinen.
Die Freizeit geopfert für all die Proben,
    sie schmücken sich mit den Engelroben,
    wie vor ihnen andere Engel.

Die Engel von heute, die kleinen, die großen,
posten schon früh die eigenen Chosen
auf Instagram, Twitter, Youtube-Kanälen,
    wie sie performen in Kulturhäusersälen,
    wie vor ihnen niemals ein Engel.

Die Engel von heute erscheinen im Licht,
zeigen auf Smartphones und Laptops Gesicht,
sie lernen zu strahlen und aufzutreten,
    Feedback und Teilen sind sehr erbeten,
    wie vor ihnen von keinem Engel.

Ereilt sie später die Userkritik,
die gute, die schlechte, mit nur einem Click,
stürzen manche vom Himmel hernieder,
    zaudern, hadern und sammeln sich wieder,
    wie vor ihnen andere Engel.

Später auf der Bühne des Lebens
erkennen sie, nichts war damals vergebens,
das Lernen, das Kämpfen, Schatten und Licht,
alles erhält ein ganz andres Gewicht.
Sie denken zurück an die Engelspielzeit,
erhoffen sich sehnlichst himmlisches Geleit
und den Schutz anderer Engel.

WEIHNACHTSHOFFNUNG

In der kalten Winternacht
läuten Glocken überall
Freudenklänge, Himmelschall,
hört, ein Kind ist uns gebracht.

Feiert froh und lasst euch nieder
vor der Krippe, singt die Lieder
von dem Fest aus lauter Licht,
mit dem himmlischen Gesicht.

Friede leite unsre Herzen,
Liebe wird das Leid ausmerzen,
Jesulein die Welt vereinen,
dass die Sterne wieder scheinen.

ENGELLIEDER

Engel fliegen dicht zusammen
in den hellsten Sternenflammen,
die der Himmel leuchten lässt
für das heilge Christusfest.

Lasst das Fest uns vorbereiten
für die Liebesewigkeiten,
dem gemeinsamen Erleben
Hoffnung und Besinnung geben.

Bratapfel und Plätzchenduft
uns wieder zusammenruft.
Kinder schneiden Sterne aus,
basteln Weihnachtsschmuck für's Haus.

Was die Finsternisse böten
macht vor Harfen halt und Flöten,
stimmt die Lieder an und singt,
Gottes Geist den Frieden bringt.

Wenn das Kind wiedergeboren,
wachen Engel vor den Toren;
singt dem Kind, dem heilgen Christ.
Gottes Gnad' dich nie vergisst.

HIMMELSWEHR

Hoch am Himmel wacht ein Engel,
in der Hand das Seelenlicht.
    Mitten im Sternengedrängel
    er nach Menschenherzen fischt.

Schimmert rein und weiß und lieblich,
schenkt uns Mut in jeder Not.
    Seine Aufgabe ist biblisch,
    wirft hinab das Gotteslot.

Wartet auf uns unermesslich,
wie wir nie zu warten wagen.
    Gottes Geist ist nie vergesslich,
    seine Liebe wird dich tragen.

Schickt zu uns das Christuskind,
will erlösen uns vom Leiden.
    Rosenduft im Engelwind
    lässt uns in der Liebe weiden.

Jesses Spross in heilger Güte,
fest umwacht vom Engelheer,
    sich um unsere Seelen mühte.
    Gnade ist die Himmelswehr.

MACHT EUCH WEIT FÜR DAS FEST

UND PLÖTZLICH RISS DER HIMMEL AUF

1
In weiter Flur Hirte Schafe hüten.
In kalter Nacht Sterne hellauf glühten.
Ein Wolkenturm im Lichtern dunkelte,
am Firmament es leise munkelte.

Die Nachtigall Psalmen tirilierte,
mit leichtem Tritt Gräser inspizierte.
Ein kleines Lamm sank in die Ruh,
das Mutterschaf legte sich hinzu.

Und plötzlich riss der Himmel auf,
das Sternenlicht strahlte zuhauf.
Die Heerscharen mit süßem Sang
verkünden das Wunder mit Harfenklang.

2
Ein Kind der Menschheit geboren wird,
und alle Seelen, die heillos verirrt,
heimbringt an seinen Gnadentisch,
er teilt mit uns das Brot und den Fisch.

Er trinkt den Kelch, wird am Kreuz verbluten,
damit die Menschen sich wenden zum Guten.
Zeig ihm, dass er nicht umsonst gestorben.
Mit dem Tod hat er um dein Leben geworben.
Seine Liebe dich aus dem Dunkel erweckt,

seine Gnade sich auf alle Wege erstreckt,
die du gehen wirst bis hin in die Ewigkeit,
wo die Seele lebt in Gottes Herrlichkeit.

MACHT EUCH WEIT FÜR DAS FEST

Wenn der Schnee leise fällt
in der Stille der Nacht,
ist das Licht neu erwacht,
wird von Liebe erhellt.

Engel tragen das Licht,
dass das Herz sehen kann,
mit der Dunkelheit bricht,
allem Schrecken voran.

Öffnet euch und vertraut,
denn die Seele wird frei,
folgt dem göttlichen Laut
und dem Klang der Schalmei.

Macht euch weit für das Fest
seiner ewigen Zeit.
Gott dich niemals verlässt,
kommt zu dir, mach dich weit.

STERNENMELODIE

Wenn der Schnee von Dächern fällt,
leuchtet auf das Himmelszelt,
alles ruht und träumt vergessen,
Zeit wird wieder neu bemessen.

Draußen eilen viele Leute,
gehen auf Geschenkebeute,
denn die Luft ist voll Magie
dieser Sternenmelodie.

In der Nacht hörst du sie singen,
wie sie Glück und Segen bringen,
wie sie flüstern uns von Liebe,
dass das Gute in uns bliebe.

Wenn die kurzen Tage sinnen,
wir das Seelenlicht gewinnen,
Frieden suchen, unbedrückt,
Liebe leuchtet dir zurück.

DAS ERSTE WEIHNACHTSFEST

Das Weihnachtsfest, der Engel spricht,
brachte zuerst den Hirten das Licht.
Sie lagen allein bei den Schafen im Feld,
oh wie kalt Winters Nacht, oh wie dunkel die Welt.

Sie sahen das Licht, den leuchtenden Stern,
er schien hoch im Osten am Himmel so fern.
Und die Erde erstrahlte so leuchtend, so hell,
tagein und tagaus, eine Lichterquell'.

Des Sternes Licht, sein weiter Schein,
fiel bei drei Weisen im fernen Land ein.
Sie brachen auf, um den König zu sehn.
Wo auch immer der Stern, dorthin wollten sie gehn.

Der Stern zog gegen Nordwesten ins Land
bis er schließlich über Bethlehem stand.
Dort hielt er an und zog nicht mehr fort,
stand über dem Stall, das Kindlein lag dort.

Sie traten ein, so ergriffen wie nie
und fielen vor Ehrfurcht auf ihre Knie.
Sie opferten Weihrauch, Myrrhe und Gold.
Das Kind lag im Stroh und lächelte hold.

Lobsinget dem Herrn, dem himmlischen Sohn,
lasst preisen und jubeln uns Gott zum Lohn.
Aus dem Nichts er Himmel und Erde erschuf,
hat die Seelen erlöst, wir folgen dem Ruf.

JESULEIN UNTER DEM HERZEN

Jesulein unter dem Herzen
trägt Maria durch die Nacht,
und die Flammen aller Kerzen
lodern auf zur Himmelspracht.

    In die Hütte fielen Sterne,
    glänzten heller als das Licht,
    und aus hoher, weiter Ferne
    Gabriel die Botschaft spricht.

Süßer Lobsang drang hernieder
und die Hirten sahen auf,
Glockenklang und Engellieder
schwangen überm Sternenlauf.

    Tauchten alles in ein Tönen,
    in den heilgen Gottesklang,
    sich demütig zu versöhnen,
    Frieden in die Seelen drang.

Jesulein im Stall geboren,
Jesses Spross, du Rosenkind,
Liebe geht nicht mehr verloren,
weit trägt sie der Engelwind.

    Lässt in allem Liebe scheinen,
    Freud und Leid im Tränenlauf,
    der verflossen mit dem Weinen,
    Licht der Liebe geh uns auf.

Jesulein mit heil'gem Herzen
willst uns trösten, Heiland sein,
zündest an der Liebe Kerzen,
uns der Ewigkeit zu weihn,

lächelst mit dem goldnen Krönchen
Jesulein, du Lilienlicht,
bist des Friedens Wunderschönchen
Jesulein, Himmelsgesicht.

LIEBESLICHT

Liebesewigkeit
brachte der Engel des Herrn.
Unendliche Gewissheit allen Lichts.

Maria brachte es zur Welt,
Verkörperung reiner Liebe,
Leuchterin, Leihmutter Gottes,
Königin fruchtbaren Geistes,
Schöpferin aus Demut und Willen.

*Und das Wort ist Fleisch geworden
und hat unter uns gewohnt. (Joh 1.14)*

WEIHNACHTSWUNDER

Es stand ein Kind im dünnen Kleid
neben Soldaten, die kampfbereit,
hat noch kein Licht, nur Leid geseh'n.
Es kam von weit, von Bethlehem.

Kennt keinen Frieden. Ringsumher
will jeder siegen seit alters her.
Ach betet all, die ihr beten könnt,
und tragt den Schall still durch den Advent

hin zu unserem Herre Christ,
dass am heiligen Ort er niemand vergisst,
dass für alle dort einmal Frieden sei
und der Stern sie erhellt beim Klang der Schalmei.

Überall auf der Welt, nicht nur in Bethlehem,
oh lieber Herre Christ, lass das Wunder gescheh'n.

JESUSKINDCHEN MUSS WEINEN

Jesuskindchen muss weinen.
Bittrer Frost dringt aus Steinen
auf das Stroh und lässt es frieren
zwischen all jenen Tieren,
auf das Stroh und lässt es frieren
zwischen all den Tieren.

Mütterlein kann nichts kaufen,
flicht aus Stroh Bettchens Schlaufen.
In den Schleier wickelt's Kindlein,
Heu und Stroh sind sein Hemdlein.
In den Schleier wickelt's Kindlein,
Heu und Stroh sind's Hemdlein.

Keine Wiege um zu wippen,
liegt auf Stroh in der Krippen,
bindet Stroh zu einem Zöpfchen,
legt es unter Jesus Köpfchen,
bindet Stroh zu einem Zöpfchen,
legt es unters Köpfchen.

Hirten kamen um zu beten,
seinen Segen sie erflehten,
in dem Stall in dieser Armut
spendet Wärme nur die Herzglut,
in dem Stall in dieser Armut
wärmt es nur Herzensglut.

KÖSTLICHE WEIHNACHT

Flockentanz auf Mistelzweigen
kündet uns von stiller Zeit,
sich die Tannenzweige neigen
vor der heilgen Ewigkeit.

> Gleitend auf des Eises Fläche
> zieht der stolze Entenmann,
> bis die Frosthaut kleiner Bäche
> schmilzt und plätschert irgendwann.

Dort steht nun der Vater wieder
in der warmen Winterkluft,
wirft mit Schwung die Angel nieder,
bis ein Fischlein an ihr zupft.

> Ist die heil'ge Nacht gekommen,
> macht er seinen Bottich zu.
> Die noch jetzt daher geschwommen
> haben vor ihm endlich Ruh.

Froh bringt er die frischen Fische
seiner Frau als Festtagsclou.
Und wie zauberische
Freude zwinkern sich die Augen zu.

> Fröhlich springt die Festvorfreude
> aus Verzücken durch den Raum,
> Köstliches mit froher Botschaft
> paart sich unterm Weihnachtsbaum.

Die Forelle mit Zitrone
Salzkartoffeln, Kopfsalat,
Hollandaise wird zur Ikone
und der Gaumen macht Spagat.

Ach, der Magen wird zum Mieder,
auf den Tellern hüpft noch Schaum
süßen Nachtischs und hybrider
duftet der Kaffee im Raum.

So gesungen, wie gelungen
ist die Speiselitanei.
Und die heilge Nacht erleuchtet
die Fünfsterne-Jubelei.

GOTT SCHENKT EUCH FREUDE ALLE-ZEIT

Gott schenkt euch Freude allezeit,
lässt keinen ungetröst';
denn Jesus Christus ward geborn,
der Retter uns erlöst.
Zu schützen uns vor Satans Macht,
wenn Böses er einflösst.
Oh hört diese Botschaft voll Freud,
Trost und Freud.
Oh hört diese Botschaft voll Freud.

Gott, Vater, himmlischer Regent,
dein sel'ger Engel kam
zu jenen Hirten auf dem Feld,
die Botschaft man vernahm,
dass dort in Bethlehem gebor'n
daselbst Gott ohne Scham.
Oh hört diese Botschaft voll Freud,
Trost und Freud.
Oh hört diese Botschaft voll Freud.

Den Hirten hat die frohe Kund
das Herz erfüllt mit Freud.
Sie trotzten Nebel, Wind und Sturm,
sie haben nichts gescheut.
Sie wendeten nach Bethlehem,
suchten das heil'ge Kind.
Oh hört diese Botschaft voll Freud,

Trost und Freud.
Oh hört diese Botschaft voll Freud.

Sie gingen hin nach Bethlehem,
dort wo das Kindchen lag,
fanden die Krippe mitten im
Esels- und Ochsverschlag.
Maria, seine Mutter kniet
und betete ohn' Klag.
Oh hört diese Botschaft voll Freud,
Trost und Freud.
Oh hört diese Botschaft voll Freud.

Nun singt dem Herrn und preiset ihn,
die ihr versammelt seid,
mit wahrer Liebe, brüderlich,
umarmt euch, denn ihr teilt
die frohe Botschaft: Weihnacht ist's,
vergessen ist das Leid.
Oh hört diese Botschaft voll Freud,
Trost und Freud.
Oh hört diese Botschaft voll Freud.

HEUTE IST EIN KIND GEBOREN

Heute ist ein Kind geboren
in der Dunkelheit der Nacht,
steigt herab von den Emporen
Boten der himmlischen Wacht.

Engel, ihr sollt sie uns bringen,
hoch vom Himmel diese Kund,
lasst die Flügel schneller schwingen,
fliegt hinab ins Erdenrund.

Kündet von der Gottesliebe,
die uns Menschen schenkt das Heil,
dass der Himmel offenbliebe,
Frieden wird der Welt zuteil.

Denn das Wort ist Fleisch geworden
und wohnt mitten unter uns.
Lasst die Liebe überborden,
Dank und Ehr sein eures Tuns.

Dass die Seelen nimmer leiden,
keine Schmach mehr trübt das Licht,
wir auf Gottes Erde weiden.
Gott schenkt uns die Zuversicht.

GOTTES SOHN IST MENSCH GEWOR-DEN

Winter grimmte, zog das Flockentuch stramm,
blies die bauschenden Federn klamm,
Eisspitzen klirrten zuhauf.
   Sonne küsste die Schneehäubchen wach,
   hielt den zaudernden Frost in Schach,
   Christrosen blühten auf.

Engel kamen vom Himmel geschwungen,
Sterne haben sich ausbedungen,
Wege zu spuren mit Licht.
   Schafe blökten und Hirten erschraken,
   Hunde schlugen ganz krumme Haken,
   trauten den Ohren nicht.

„Euch ist der Heiland heute geboren,
Gott hat Maria auserkoren,
Christkindchens Mutter zu sein.
   Folgt sogleich diesen Sternenspuren,
   Jesus lädt ein euch zu Pilgertouren,
   liegt in der Krippe ganz klein."

Raunen und Murmeln in weiter Landschaft,
vor ihnen Bilder der göttlichen Botschaft,
aufbrachen sie mit der Herde,
   fanden den Stall, Josef und Maria,
   knieten und huldigten der Ecclesia,
   Erlösung zuteil ihnen werde.

Frieden erfüllte geschundene Seelen,
Jubel, Gesänge drang aus allen Kehlen,
Ewigkeitsleuchten begann.
Heut ist der Sohn Gottes Mensch geworden,
Lobpreis und Freude weithin überborden,
Furcht vor dem Sterben zerrann.

LIEBE

In der Finsternis der Nacht
hält dein Licht mich stark und fest
alles was mich zweifeln lässt,
ist von Liebe zugedacht.

Was das Kreuz verheißen hat,
dass die Liebe überdauert,
dass mich Leid nicht mehr erschauert,
ist dies Geistes heilge Saat.

Liebe trägt uns wie auf Flügeln
unversehrt in Licht und Schatten,
lässt im Kampf uns nicht ermatten.

Liebe wird das Dunkel zügeln,
was sich sträubt zum Licht bekehren,
Liebe kann nur Liebe lehren.

UND KÄM DAS KINDLEIN HEUT ZUR WELT

Und käm das Kindlein heut zur Welt
im heiligen Saarbrücken,
das Standesamt hätt' es gezählt,
notfalls den Namen ausgewählt,
wenn's Stammbuch voller Lücken.
Und käm das Kindlein unbemannt,
wär der Erzeuger unbekannt,
niemand würd es bedrücken.

Und ging Maria hinterher
zum Amt für Gottes Gnaden,
für Wohnung, Kleidung und Verzehr
den Antrag stellen und noch mehr
in Formularen baden.
Und wär das Kind ohn' Unterhalt,
die zugewies'ne Wohnung kalt,
würd niemand sie einladen.

Und käm die Aufsicht ungefragt
vom Amt für alle Kinder
und hätt Maria dann gesagt,
dass sie es ganz alleine wagt,
das Amt wär Vaterfinder!
Und gäb den Namen sie nicht preis,
gäb es statt Vorschuss 'nen Verweis,
die Schmach wär nicht gelinder.

Und würd der Unterhalt gekürzt
vom Amt für Gottes Gnaden,
Maria wär in Not gestürzt,
auch wenn die Ärmel aufgeschürzt,
zur Arbeit vorgeladen.
Und wär der Lohn auch viel zu knapp,
von früh bis spät wär sie auf Trab,
Leben auf Zeittaktpfaden.

Und käm ein Mann wie Josef her
und würde sie umsorgen,
erführ' das Amt die ganze Mär,
der Tratsch der Nachbarn lastet schwer,
dem Amt blieb nichts verborgen.
So gäb es doch kein Elterngeld,
weil ohne Trauschein dies nicht zählt,
es blieben noch mehr Sorgen.

Nun sag, oh lieber Herre Christ,
ob dies in Deinem Sinne ist?

IN STILLER NACHT

Kerzenlicht in stiller Nacht
kündet von der Botenkunde,
Christus kam zu dieser Stunde,
hat Erlösung uns gebracht.

Glocken klingen aus der Ferne,
Engel hoch am Himmel stehn,
ihre Flügel leise wehn,
helles Leuchten aller Sterne.

Christus ist zu uns gekommen,
betet, singt und preist im Chor,
dass das Böse heut verlor,
seine Liebe ist vollkommen.

Heilig ist der Glanz, dies Licht,
wenn sich öffnen Herzen weit
für die Gottesewigkeit
und es dir an nichts gebricht.

LICHT VOM LICHT

Suche im Licht
das Züngeln der Strahlen,
lass dich behellen,
sieh nicht mehr herab.

Gib deine Seele
in all dieses Leuchten,
es überstrahlt
alles Weh, alle Klag.

Strahlt deine Seele
auf andere Seelen,
leuchtet das Licht
in allen fort.

Du bist der Leuchter,
den er entzündet,
trage die Kerze
an jeglichen Ort.

GOTTES ZEIT

Du hast uns begonnen Lebensschöpfer,
hast uns gepflanzt in den Sand wie ein Töpfer,
du hast uns mit deiner Liebe genährt,
uns Tag für Tag deine Gnade gewährt.

Du bist der Hirte, wir deine Herde,
du weidest uns sanft auf den Wiesen der Erde,
du schickst uns die Engel, Himmelswächter,
Stunde für Stunde, denn wir sind nur Pächter.

Du schicktest den Sohn, Christuskönig.
Maria den Herrn lobpreist untertänig.
Des Himmels Heerscharen verkünden das Kind,
geborgen in seinem Opfer wir sind.

Die Glocken erschallen, ein Stern geht uns auf
und weist uns den Weg durch den Himmelslauf.
Maria und Josef behüten das Glück,
drei Weisen ihm folgen, Schritt für Schritt.

Sie bringen Weihrauch, Myrrhe und Gold,
auf die Knie sie fallen vor dem Wunderhold.
Die Zeit augenblicklich stille steht,
wenn die Seele in den Himmel eingeht.

Bedenke, oh Mensch, wie kurz deine Frist,
in der du hier wandelst, auf der Erde bist.
Suchst du nach Gottes Seligkeit,
dann mach dich bereit für die Ewigkeit.

LIEDVERZEICHNIS

Die nachfolgenden Gedichte können auf die angegebenen Melodien gesungen werden.

S. 18 Wenn es schneit
„Let it snow!" Melodie: Jule Styne 1945, Originaltext Sammy Cahn.

S. 27 Schlittenfahrt
„Sleig ride", Melodie: Leropy Anderson, Originaltext: Mitchell Parish.

S. 35 Saarbrücker Weihnachtslied
„The Christmas Song", Melodie und Originaltext: Bob Wells und Mel Tormé, 1944.

S. 61 Hört des Botenengels Ton - Nachdichtung
"Hark the herald angels sing", Melodie: Felix Mendelssohn-Bartholdy, Originaltext: Charles Wesley, 1739.

S. 71 Das erste Weihnachtsfest - Nachdichtung
„The first Nowell", Melodie und Originaltext: aus England (Cornwall) vor 1823, Verfasser unbekannt.

S. 75 Jesuskindchen muss weinen - Nachdichtung
„Jezus malusieńki", Melodie und Originaltext: Polnische Volksweise, 18. Jahrhundert, Verfasser unbekannt.

S. 78 Gott schenkt euch Freude allezeit - Nachdichtung
"God rest you merry, gentlemen", Melodie und Originaltext: Volksweise 18. Jahrhundert, Verfasser unbekannt.

WERKVERZEICHNIS

Vermisstenanzeige. Gewidmet den ermordeten Juden des Naziregimes. Lyrik und Prosa. Vera Hewener. Libri BoD. Norderstedt 2000. ISBN 3-8311-0748-3. 2. erw. Auflage 2014. ISBN 978-3831107483.

Lichtflut. Reisenotizen. Lyrik und Prosa. Vera Hewener. Edition Calamus. Norderstedt 2001. ISBN 3-8311-1493-5. 2. erw. Auflage 2014. ISBN 987-3831114931.

Eine Neigung aus Blau. Gegenwartslyrik. Vera Hewener. Norderstedt 2002. ISBN 3.8311-3334-4. 2. Auflage 2014. ISBN 9783831133345

Bist Himmel mir und tausend Feuerfunken. Gedichte. Vera Hewener. Mauer Verlag. Rottenburg a/N. 2003. ISBN 3-937008-46-2.

Verwirbelungen der Zeit. Vera Hewener. Lyrik mit Bildern von Carolin Isele. WiKu Éditions Paris E.U.R.L. Paris und WiKu Verlag KG Berlin 2005. ISBN 3-86553-203-9.

Es kommen andere Ewigkeiten. Gedichte. Vera Hewener. WiKu Édition Paris ISBN 2-84976-0188 WiKu Verlag 2007. ISBN 978-3-86553-189-6.

Himmelsstürme. Vera Hewener. Gedichte mit Fotografien. edition Wort Verlag Bitburg 2010. ISBN 978-3-936554-00-3.

Das Jahr: Dichtung in vier Sätzen. Vera Hewener. Gedichte mit Fotografien. BoD Books on Demand Norderstedt 2013. ISBN 978-3-7322-3168-3.

Zaubervolle Winterwelt. Gedichte, Geschichten, Notizen. Vera Hewener. Verlag BoD Books on Demand. Norderstedt 2014. ISBN 9783735761262.

Frühlingsserenade. Die schönsten Gedichte, Geschichten und Notizen zur Frühlingszeit. Vera Hewener. Verlag BoD Books on Demand. Norderstedt 2015. ISBN 978-37347-3140-2.

Die Blüte des Sommers. Sommeranthologie. Die schönsten Gedichte, Geschichten und Kalendernotizen. Vera Hewener. Verlag BoD Books on Demand. Norderstedt 2015. ISBN 978-3-7347-89540.

In der Saar schwimmen keine Krokodile. Gegenwartslyrik & Texte. Vera Hewener. Verlag BoD Books on Demand. Norderstedt 2015. ISBN 9783738635676

Von Lorraine nach Aquitaine. Reisenotizen in Lyrik und Prosa. Reiseliteratur Band 1. Vera Hewener. Verlag BoD Books on Demand. Norderstedt 2016. ISBN 9783741210860.

Du trocknest meine Tränen wieder. Religiöse Lyrik & Texte. Vera Hewener. Verlag BoD Books on Demand. Norderstedt 2016. ISBN 9783743113589.

Zaubervolle Jahreszeiten. Der Frühling. Vera Hewener. Verlag BoD Books on Demand. Norderstedt 2017. ISBN 9783743125117.

Aus meinem Federkiel. Magische Momente. Natur & Seele. Gedichte. Vera Hewener. Verlag BoD Books on Demand. Norderstedt 2017. ISBN 9783744870511.

Zaubervolle Jahreszeiten. Der Sommer. Vera Hewener. Verlag BoD Books on Demand. Norderstedt 2017. ISBN 9783744870993.

„Kerzen, Wunder, Himmels-Zunder". Vera Hewener. Lustige und besinnliche Geschichten und Gedichte zur Advents- und Weihnachtszeit. Verlag BOD Books on Demand. Norderstedt 2017. ISBN 9783744893824. 2. Ausgabe 2019. ISBN 9783738629682.

Die Jahreszeiten: Auslese. Gedichte. Vera Hewener. Verlag BOD Books on Demand. Norderstedt 2018. ISBN 9783738636017.

Werkausgabe Band I. Frühe Gedichte 1970-1999. Verlag BOD Books on Demand. Norderstedt 2018. ISBN-13: 9783746025292.

Kinder, Hund, Familienbund. Lustiges, Tierisches und Allzumenschliches in Lyrik und Prosa. Vera Hewener. Verlag BOD Books on Demand. Norderstedt 2018. ISBN 9783746056821.

Zaubervolle Jahreszeiten. Der Herbst. Vera Hewener. Verlag BoD Books on Demand. Norderstedt 2018. ISBN 9783752842135.

Christnacht, Glocken, Engelslocken. Gedichte und Geschichten zur Weihnacht. Vera Hewener. Verlag BoD Books on Demand. Norderstedt 2018. ISBN 9783748107637. 2. Ausgabe 2019. ISBN 9783741251641.

In der Saar feiern die Fische. Gegenwartslyrik & Szenen. Vera Hewener. Verlag BoD Books on Demand. Norderstedt 2019. ISBN 9783732237142. 2. Aufl. 2020. ISBN 9783752810080.

Von Brandasund bis Nasholim. Reisegedichte, lyrische Ausflüge, Geschichten und Notizen. Reiseliteratur Band 2. Vera Hewener. Verlag BoD Books on Demand. Norderstedt 2019. ISBN 9783732235841.

Tannen, Lobgesang, Weihnachtsklang. Gedichte, Geschichten, Liedtexte und Bühnenstücke zur Advents- und Weihnachtszeit. Vera Hewener. Verlag BoD Books on Demand. Norderstedt 2019. ISBN 9783750400030.

In der Saar tanzen die Schwäne. Gedichte, Geschichten & Szenen. Vera Hewener. Verlag BoD Books on Demand. Norderstedt 2020. ISBN 9783751921060.

Zaubervolle Weihnachtswelt. Geschichten, Gedichte, Stücke & Notizen zur Advents- und Weihnachtszeit. Vera Hewener. Verlag BoD Books on Demand. Norderstedt 2020. ISBN 9783752606409.

Weihnachtsklang, Lobgesang. Deutsche Gedichte und Nachdichtungen internationaler Weihnachtslieder, Gospels, Spirituals und deutsche Weihnachtslieder in moselfränkischer Mundart. Vera Hewener. Verlag BoD Books on Demand. Norderstedt 2020. ISBN 9783752606393.

Sodom und Camorra. Kurze Bühnenstücke für viele Gelegenheiten. Vera Hewener. Verlag BoD Books on Demand. Norderstedt 2020. ISBN 9783752606386.

Oh Frühling, komm! Natur, Stadt & Land. Die schönsten Frühlingsgedichte. Vera Hewener. Verlag BoD Books on Demand. Norderstedt 2021. ISBN 9783753439594.

Oh Sommer, leuchte. Natur, Stadt & Land. Die schönsten Sommergedichte. Vera Hewener. Verlag BoD Books on Demand. Norderstedt 2021. ISBN 9783753421414.

Oh Herbst, wandle!. Natur, Stadt & Land. Die schönsten Herbstgedichte. Vera Hewener. Verlag BoD Books on Demand. Norderstedt 2021. ISBN 9783754320655.

Oh Winter, schneie! Natur, Stadt & Land. Die schönsten Wintergedichte. Vera Hewener. Verlag BoD Books on Demand. Norderstedt 2021. ISBN 9783754347034.

Das kleine Tännlein. Die schönsten Weihnachtgeschichten. Vera Hewener. Verlag BoD Books on Demand. Norderstedt 2021. ISBN 9783755701705.

Denn die Zeit ist des Ewigen Aufgang. Zeitgedichte von der Morgenröte bis zur Abendstunde. Vera Hewener. Verlag BoD Books on Demand. Norderstedt 2022. ISBN 9783755738756.

Denn die Nacht ist der Spiegel der Sterne. Abend- und Nachtgedichte. Vera Hewener. Verlag BoD Books on Demand. Norderstedt 2022. ISBN 9783755730125.

Verrückte Tierliebe. Tiergedichte für alle Generationen. Vera Hewener. Verlag BoD Books on Demand. Norderstedt 2022. ISBN 9783754359860.

Wellen, Wogen, Himmelsbogen. Gedichte und Geschichten über Meere, Ströme und Gewässer. Vera Hewener. Verlag BoD Books on Demand. Norderstedt 2022. ISBN 9783755734468.

Äpfel, Nuss und Mandelkuss. Weihnachtsgeschichten. Vera Hewener. Verlag BoD Books on Demand. Norderstedt 2022. ISBN 9783756223770.

Das Licht der Weihnacht. Die schönsten Weihnachtsgedichte. Vera Hewener. Verlag BoD Books on Demand. Norderstedt 2022. ISBN 9783756844197.

In Paris ist die Zeit verschwunden. Gedichte. Vera Hewener. Verlag BoD Books on Demand. Norderstedt 2023. 2. Auflage 2024. ISBN 9783734714283.

Oh Rose, Zauberblume, Rosengedichte und Geschichten. Vera Hewener. Verlag BoD Books on Demand. Norderstedt 2023. ISBN 9783738612936.

Vom Salzburger Land bis Südtirol. Reisenotizen in Lyrik und Prosa. Reiseliteratur Band 3. Vera Hewener. Verlag BoD Books on Demand. Norderstedt 2023. ISBN 9783744818124.

Weihnachtstheater. Kurze Bühnenstücke, Sketche. Vera Hewener. Verlag BoD Books on Demand. Norderstedt 2023. ISBN 9783746092607.

Heller Glanz in stiller Nacht. Neue Weihnachtsgeschichten, Gedichte. Vera Hewener. Verlag BoD Books on Demand. Norderstedt 2023. ISBN 9783755700357.

Naturgedichte. Landschaften, Städte, Jahreszeiten. Vera Hewener. Verlag BoD Books on Demand. Norderstedt 2024. ISBN 9783757830540.

Pfeift ein Vogel den Liebeslaut. Vogelgedichte, Notizen, Geschichten. Vera Hewener. Verlag BoD Books on Demand. Norderstedt 2024. ISBN 9783758371417.

Unterwegs in Deutschland. Reisenotizen in Lyrik und Prosa. Reiseliteratur Band 3. Vera Hewener. Verlag BoD Books on Demand. Norderstedt 2024. ISBN 9783759729132.

Wunderheilig glänzt die Nacht. Weihnachtsgeschichten, Gedichte. Vera Hewener. Verlag BoD Books on Demand. Norderstedt 2024. ISBN 9783759723604